Colonización y CONFLICTOS en el Oeste

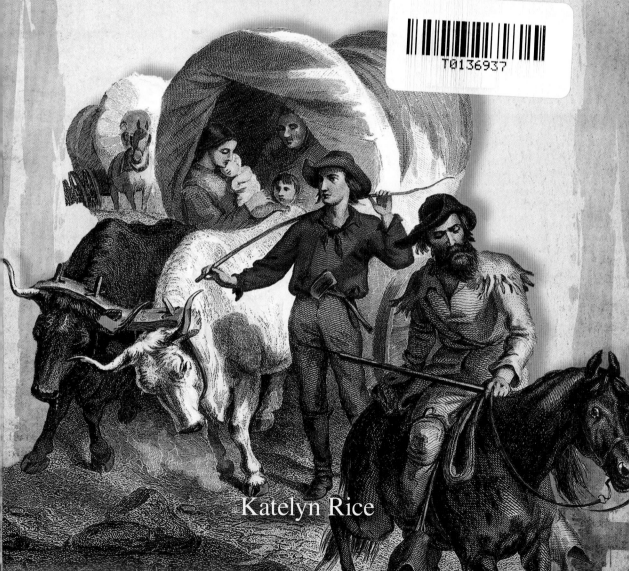

Katelyn Rice

Asesores

Vanessa Ann Gunther, Ph.D.
Departamento de Historia
Universidad Chapman

Nicholas Baker, Ed.D.
Supervisor de currículo e instrucción
Distrito Escolar Colonial, DE

Katie Blomquist, Ed.S.
Escuelas Públicas del Condado de Fairfax

Créditos de publicación

Rachelle Cracchiolo, M.S.Ed., *Editora comercial*
Conni Medina, M.A.Ed., *Redactora jefa*
Emily R. Smith, M.A.Ed., *Realizadora de la serie*
Diana Kenney, M.A.Ed., NBCT, *Directora de contenido*
Caroline Gasca, M.S.Ed., *Editora superior*
Courtney Patterson, *Diseñadora gráfica superior*
Lynette Ordoñez, *Editora*
Sam Morales, M.A., *Editor asociado*
Jill Malcolm, *Diseñadora gráfica básica*

Créditos de imágenes: portada y págs.1, 8 (superior), 17 (inferior), 23 (superior), 25 (superior), 27 (frente) North Wind Picture Archives; pág.4 Pictorial Parade/Getty Images; pág.5 (superior) Washington University, St. Louis, USA/Bridgeman Images, (izquierda) cortesía de UC Berkeley, Bancroft Library; págs.5 (derecha), 31 Kansas State Historical Society; págs.6, 9, 24–25 Granger, NYC; págs.28–29 Sarin Images/Granger, NYC; págs.6–7 cortesía de Montana Historical Society, X1952.01.10; pág.7 dominio público; pág.8 (inferior) NARA [6883912]; pág.10 Ann Ronan Picture Library Heritage Images/Newscom; pág.11 Clark Kelley Price; pág.13 (fondo, superior) MPI/Getty Images, (frente, superior) NARA [299808]; pág.13 (inferior) Whitman Mission National Historic Site, National Park Service; pág.15 (inferior) Peter Newark Pictures/Bridgeman Images, (centro) NARA [299809]; pág.17 (centro) Beinecke Rare Book and Manuscript Library Digital Collections; pág.18 (superior) Peter Newark Western Americana/ Bridgeman Images, (inferior, derecha) LOC [LC-DIG-cwpbh-01671]; pág.20 (superior) National Archives, General Records of the U.S. Government, (centro) cortesía de Rare Book Division of the Library of Congress, (inferior) University of Oklahoma Libraries Western History Collections; pág.21 Look and Learn/Bridgeman Images; pág.23 (izquierda), 26–27 Peter Newark Western Americana/ Bridgeman Images; pág.23 (inferior) Bridgeman Images; pág.28 LOC [rbpe.01701000]; pág.29 (izquierda) LOC [rbpe.07204800], (derecha) LOC [LC-DIG-pga-01416]; pág.32 NARA [6883912]; contraportada cortesía de UC Berkeley, Bancroft Library; todas las demás imágenes cortesía de iStock y/o Shutterstock.

Library of Congress Cataloging-in-Publication Data

Names: Rice, Katelyn, author.
Title: Colonización conflictos en el oeste / Katelyn Rice.
Other titles: Settling and unsettling the West. Spanish
Description: Huntington Beach, CA : Teacher Created Materials, [2020] |
  Audience: Grade 4 to 6. | Summary: "Americans were fed up with crowded
  Eastern cities. They wanted adventure and new opportunities! But to find
  that, they had to give up their old way of living. They packed up their
  belongings and made the dangerous trek westward. What started as the
  search for a better future, changed the course of American history"--
  Provided by publisher.
Identifiers: LCCN 2019014776 (print) | LCCN 2019981474 (ebook) | ISBN
  9780743913720 (paperback) | ISBN 9780743913737 (ebook)
Subjects: LCSH: Pioneers--West (U.S.)--History--19th century--Juvenile
  literature. | Frontier and pioneer life--West (U.S.)--Juvenile
  literature. | West (U.S.)--History--19th century--Juvenile literature.
Classification: LCC F596 .R52618 2020 (print) | LCC F596 (ebook) | DDC
  978/.02--dc23
LC record available at https://lccn.loc.gov/2019014776
LC ebook record available at https://lccn.loc.gov/2019981474

Teacher Created Materials

5301 Oceanus Drive
Huntington Beach, CA 92649-1030
www.tcmpub.com

ISBN 978-0-7439-1372-0

© 2020 Teacher Created Materials, Inc.
Printed in China
Nordica.102019.CA21901929

Contenido

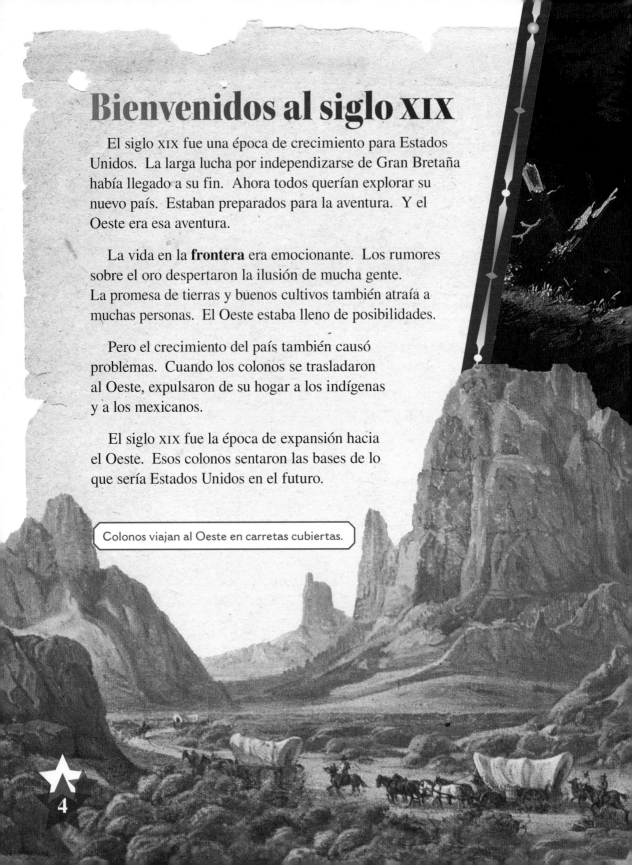

Bienvenidos al siglo XIX

El siglo XIX fue una época de crecimiento para Estados Unidos. La larga lucha por independizarse de Gran Bretaña había llegado a su fin. Ahora todos querían explorar su nuevo país. Estaban preparados para la aventura. Y el Oeste era esa aventura.

La vida en la **frontera** era emocionante. Los rumores sobre el oro despertaron la ilusión de mucha gente. La promesa de tierras y buenos cultivos también atraía a muchas personas. El Oeste estaba lleno de posibilidades.

Pero el crecimiento del país también causó problemas. Cuando los colonos se trasladaron al Oeste, expulsaron de su hogar a los indígenas y a los mexicanos.

El siglo XIX fue la época de expansión hacia el Oeste. Esos colonos sentaron las bases de lo que sería Estados Unidos en el futuro.

Colonos viajan al Oeste en carretas cubiertas.

El famoso **pionero** Daniel Boone encabeza un grupo de colonos que se dirigen a Kentucky.

Estos anuncios invitaban a establecerse en el Oeste.

¿Por qué ir al Oeste?

Un escritor llamado John O'Sullivan influyó mucho en la idea que se tenía de la frontera. O'Sullivan era un hombre inteligente. Se graduó de la universidad con apenas 18 años. La gente siempre quería escuchar lo que él tenía para decir. Entonces, empezó a escribir sobre sus ideas. En 1845, publicó un artículo en una revista. Allí decía que toda América del Norte debía formar parte de Estados Unidos. Afirmaba que los estadounidenses estaban destinados por Dios a ser dueños de las tierras. Esta idea se conoció como **destino manifiesto**. A muchos les gustó la idea. La usaron para justificar el crecimiento de la nación.

John O'Sullivan

6

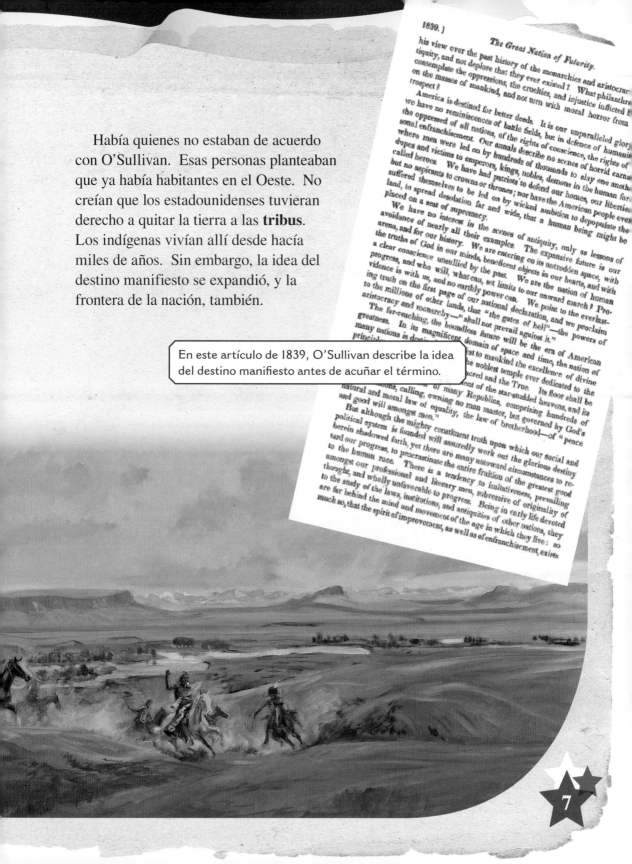

Había quienes no estaban de acuerdo con O'Sullivan. Esas personas planteaban que ya había habitantes en el Oeste. No creían que los estadounidenses tuvieran derecho a quitar la tierra a las **tribus**. Los indígenas vivían allí desde hacía miles de años. Sin embargo, la idea del destino manifiesto se expandió, y la frontera de la nación, también.

En este artículo de 1839, O'Sullivan describe la idea del destino manifiesto antes de acuñar el término.

un edificio de apartamentos abarrotado en la ciudad de Nueva York, a fines del siglo XIX

EL TRATO DE LINCOLN

★★★★★

En 1862, el presidente Abraham Lincoln firmó la **Ley de Asentamientos Rurales**. Esa ley entregaba a los colonos un terreno en el Oeste si cultivaban la tierra y construían una vivienda allí. Después de cinco años, serían propietarios de esa tierra. Eso convenció a muchas personas de establecerse en el Oeste.

una fábrica en Worchester, Massachusetts, en 1855

La gente iba al Oeste por distintas razones. Algunos dejaban su hogar debido a **factores de expulsión**. Esperaban empezar una nueva vida en el Oeste. En el Este las personas vivían hacinadas. Familias numerosas convivían en apartamentos pequeños. Las calles estaban atestadas de fábricas y edificios altos. Esas fábricas no eran lugares seguros para trabajar. Los hombres y las mujeres trabajaban 12 horas o más todos los días y ganaban muy poco dinero. ¡Incluso trabajaban niños en las fábricas! Tenían que ayudar a su familia a ganar dinero.

La guerra de Secesión fue otro factor de expulsión. Se había librado a causa de la esclavitud y los derechos de los estados. Gran parte del Sur quedó destruida cuando la guerra terminó en 1865. La gente buscaba un nuevo comienzo en el Oeste.

Hubo quienes fueron al Oeste debido a los **factores de atracción**. Se encontró oro y plata en varios lugares de allí. Pronto siguieron la fiebre del oro y de la plata. Llegaban grandes cantidades de personas al Oeste con la esperanza de hacerse ricas. Las tierras allí eran baratas y buenas para la agricultura. Algunas personas se sentían **oprimidas** en donde estaban. El Oeste les ofrecía la posibilidad de ser libres. Para algunos, valía la pena arriesgar todo por eso.

Camino al Oeste

Los colonos que viajaban al Oeste solían llevar a toda su familia. Iban en carretas cubiertas tiradas por caballos, mulas o bueyes. Las carretas eran grandes, pero de todos modos los viajeros debían dejar la mayoría de sus pertenencias porque no podían llevarlas. Algunos incluso recorrían miles de millas a pie para poder cargar más cosas en la carreta.

El momento de partir era importante cuando se iba camino al Oeste. Si los viajeros partían antes de tiempo, no había pasto en el camino para que comieran los animales. Si salían demasiado tarde, podían enfrentar fuertes nevadas. Debían partir en el momento justo.

Colonos se esfuerzan por cruzar un puente nevado con la carreta.

TODO ACERCA DE LAS CARRETAS

Las carretas eran de madera y se cubrían con una tela blanca para protegerlas del mal tiempo. Medían 12 pies (3.6 metros) de largo y tenían ruedas de 6 ft (1.8 m) de altura. Se solían formar filas largas llamadas *caravanas de carretas* por motivos de seguridad.

Una familia entierra a un ser querido en el camino.

Incluso si los colonos partían en el momento ideal, el viaje se hacía difícil. Podían pasar muchas cosas en el camino. Algunos viajeros eran atropellados por carretas. El mal tiempo podía hacer que las carretas se rompieran o quedaran atascadas. Y, a veces, algunos viajeros eran aplastados por animales. Sin embargo, las enfermedades eran la principal causa de muerte. Por cada milla del camino, morían entre 10 y 15 personas a causa de alguna enfermedad. Se enterraba a los muertos en tumbas de poca profundidad a lo largo del camino.

A pesar de todos estos peligros, la gente seguía yendo al Oeste. Las carretas dejaban caminos marcados que iban de un extremo al otro del país.

El Camino de Oregón

Una de las primeras rutas que se usó fue el Camino de Oregón. Los comerciantes y los cazadores de pieles abrieron este camino en 1811. En la década de 1830, ya lo usaban también colonos que viajaban en carretas cubiertas. El camino empezaba en Misuri y terminaba en Oregón. ¡Son 2,170 millas (3,492 kilómetros)! El viaje podía llevar hasta seis meses. Pero era mejor que viajar por mar: eso llevaba un año o más.

Muchos colonos creían que valía la pena hacer el largo viaje a Oregón. Las noticias sobre tierras **fértiles** prometían una agricultura próspera. Y las tierras eran baratas, por lo que era posible comenzar una nueva vida. Pero había un problema. Gran Bretaña ya había reclamado gran parte de ese territorio. Estados Unidos y Gran Bretaña intentaron gobernar la tierra juntos. Pero, con la llegada de más personas a Oregón, comenzaron los conflictos.

Gran Bretaña y Estados Unidos no lograban decidir quién era el dueño de las tierras. En 1846, las dos partes llegaron a un acuerdo. Dividieron el área por la mitad. Estados Unidos se quedó con la parte del sur y Gran Bretaña, con la del norte. El acuerdo sumó 286,000 mi^2 (741,000 km^2) a Estados Unidos. El joven país estaba creciendo rápidamente.

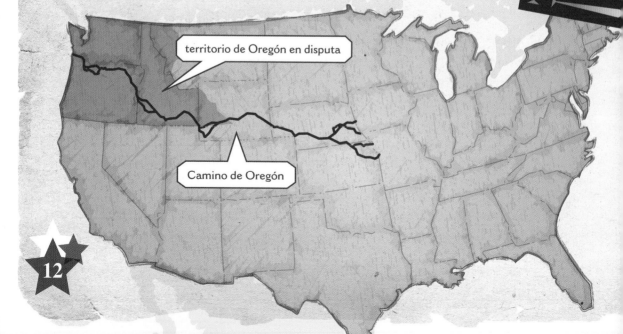

territorio de Oregón en disputa

Camino de Oregón

El **Tratado** de Oregón fijó un límite entre Estados Unidos y el actual territorio de Canadá.

ESTOS SON LOS WHITMAN

Marcus y Narcissa Whitman eran dos **emigrantes**. Narcissa escribió sobre lo que vio a lo largo del Camino de Oregón. Sus cartas se publicaron y se hicieron famosas. La gente quería leer sobre la vida en la frontera.

13

El Camino de Santa Fe

Diez años después de que se empezó a usar el Camino de Oregón, un comerciante llamado William Becknell inició otro camino. El Camino de Santa Fe también empezaba en Misuri. Pero iba hacia el sur y terminaba en Nuevo México. Al poco tiempo, se convirtió en una **ruta comercial** que atravesaba Estados Unidos. Los colonos intercambiaban pieles del Oeste por productos del Este. Cuando llegaron más personas, el camino se usó para repartir el correo. Los colonos enviaban cartas a su hogar para contar acerca de la plata que encontraban. Al poco tiempo, empezaron a llegar cada vez más personas con la esperanza de hacerse ricas.

No todos estaban contentos con los nuevos pobladores. Estados Unidos había **anexado** Texas en 1845. Pero la frontera occidental no estaba clara. Los colonos reclamaban tierras que los mexicanos decían que les pertenecían. En 1846, se oyeron los primeros disparos de la guerra entre México y Estados Unidos. Las dos partes combatieron intensamente durante dos años. Luego, en 1848, Estados Unidos y México firmaron un tratado. En ese tratado, México aceptó vender más de la mitad de su territorio a Estados Unidos. Estados Unidos pagó apenas $15 millones por las tierras. Este nuevo territorio atrajo a más personas al Suroeste. El camino de Santa Fe era la mejor manera de llegar allí.

Texas
territorio en disputa
territorio comprado a México

Camino de Santa Fe

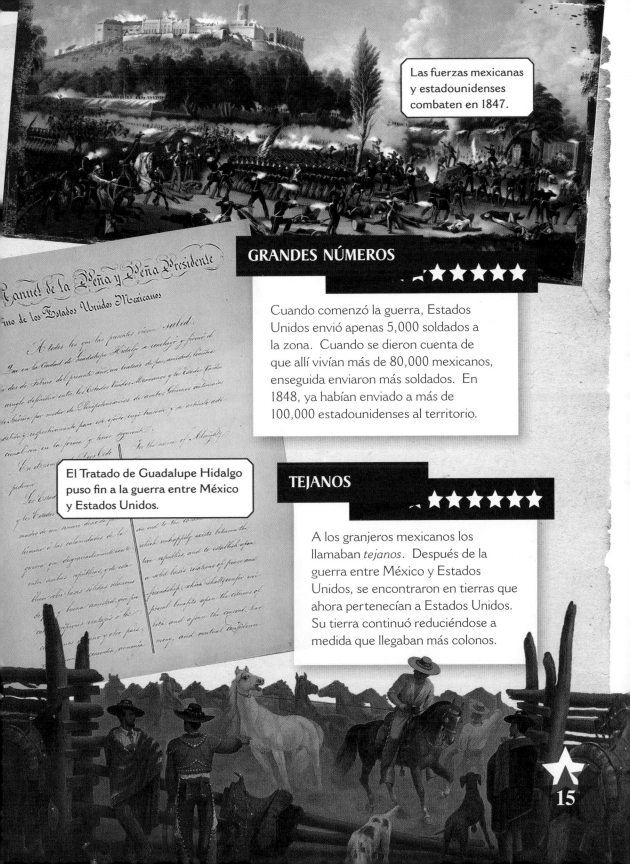

Las fuerzas mexicanas y estadounidenses combaten en 1847.

GRANDES NÚMEROS

★★★★★

Cuando comenzó la guerra, Estados Unidos envió apenas 5,000 soldados a la zona. Cuando se dieron cuenta de que allí vivían más de 80,000 mexicanos, enseguida enviaron más soldados. En 1848, ya habían enviado a más de 100,000 estadounidenses al territorio.

El Tratado de Guadalupe Hidalgo puso fin a la guerra entre México y Estados Unidos.

TEJANOS

★★★★★★

A los granjeros mexicanos los llamaban *tejanos*. Después de la guerra entre México y Estados Unidos, se encontraron en tierras que ahora pertenecían a Estados Unidos. Su tierra continuó reduciéndose a medida que llegaban más colonos.

El Camino de California

El Camino de California se abrió en 1841. No muchos lo recorrían al principio. Era peligroso. La ruta comenzaba en el Camino de Oregón. Pero, cerca de Idaho, se abrían dos caminos. Si los viajantes querían ir hacia el norte, tomaban el Camino de Oregón. Si iban hacia el sur, tomaban el Camino de California. Después de la bifurcación, se atravesaban desiertos en Utah y Nevada. Luego, había que cruzar la cordillera de Sierra Nevada. ¡Allí están algunas de las montañas más altas del país! Se tardaba meses en cruzar la cordillera. Quedar atrapado en la nieve traía consecuencias fatales. Pero, incluso con los peligros del camino, la gente seguía dispuesta a intentarlo.

En 1848, James Marshall descubrió oro en California. La noticia se esparció por todo el país. Muchos pensaban que podían enriquecerse rápidamente. Al año siguiente, ya habían viajado 80,000 personas a California. Este grupo se conoció como los *forty-niners* ("los del 49"). Muchos habían recorrido los caminos de California y Oregón. En los 5 años siguientes, más de 250,000 personas hicieron el peligroso viaje. ¡Algunas venían desde Europa! Poco a poco, el oro se agotó y la fiebre del oro de California llegó a su fin. Sin embargo, muchos se quedaron.

Camino de California

cordillera de Sierra Nevada

THE CALIFORNIA HERALD.

Este periódico de 1848 describe el descubrimiento de oro en California.

LOS DEL 49

★★★★★★★

Muchos **pioneros** se dirigieron a California cuando se conoció la noticia de que habían descubierto oro. La mayoría llegó en el año 1849. Por eso, los estadounidenses empezaron a referirse a esos pioneros que buscaban oro como "los del 49", y el nombre perduró.

un buscador de oro en California

Pioneros **mormones** viajan a Salt Lake City.

Joseph Smith

Brigham Young

El Camino de los Mormones

Cuando Joseph Smith creó la religión de los mormones en 1830, esta creció rápidamente. Pero a muchos no les gustaba la nueva religión. No estaban de acuerdo con que los mormones practicaran la **poligamia**. Y la rápida propagación de la nueva religión asustó a muchas personas. Quemaron casas y granjas de mormones. En 1846, Smith fue asesinado por una muchedumbre enfurecida. Después de ese episodio, muchos mormones decidieron que era hora de partir. Querían ir al Oeste. La ruta que recorrieron se conoce como el Camino de los Mormones.

Brigham Young sucedió a Smith como líder de la religión mormona. Llevó a 3,000 personas al Oeste en febrero de 1846. Esperaban llegar a Utah antes del invierno siguiente. Pero todavía hacía mucho frío. Había demasiado hielo y nieve, y no era seguro viajar. Entonces, decidieron detenerse en el río Misuri y quedarse allí durante unos meses. El 24 de julio de 1847, llegó el primer grupo de mormones a Salt Lake City, Utah. Habían abandonado su hogar hacía más de un año. En los 20 años siguientes, casi 70,000 mormones recorrieron el Camino de los Mormones.

Con el avance de más colonos hacia el Oeste, Estados Unidos continuó expandiéndose. El joven país crecía en tamaño y poder. Pero este rápido crecimiento causó problemas con las personas que ya vivían allí.

Camino de los Mormones

Conflictos en el Oeste

No todos estaban contentos con la expansión hacia el Oeste. Los indígenas vivían en esas tierras desde hacía miles de años. Cuando los colonos llegaban, querían más y más tierras. Pensaban que ese era su destino. Entonces, expulsaban a los indígenas. Con el crecimiento del país, las tribus perdieron millones de acres.

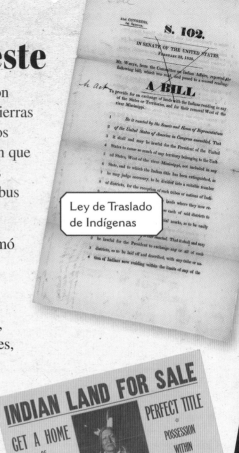

Ley de Traslado de Indígenas

En 1830, el presidente Andrew Jackson firmó la Ley de Traslado de Indígenas. Según esta ley, las tribus del Este debían trasladarse al oeste del río Misisipi. Debían vivir en tierras llamadas **reservas**. Una vez que llegaban allí, no les permitían irse. En los 20 años siguientes, casi 100,000 indígenas fueron trasladados al oeste por la fuerza. Y seguían llegando colonos. Estados Unidos se adueñaba de cada vez más tierras tribales. Eso obligaba a las tribus a quedarse en áreas cada vez más pequeñas. Muchas tribus decidieron luchar.

Estos documentos publicitan tierras que solían pertenecer a indígenas.

Indígenas recorren el "Sendero de las Lágrimas".

EL "SENDERO DE LAS LÁGRIMAS"

★★★★★

La tribu cheroqui fue obligada a caminar 800 mi. (1,300 km) hasta las nuevas reservas. Casi un tercio de los 15,000 que partieron murieron a causa del hambre o de alguna enfermedad en el camino. Este recorrido se conoció como el "Sendero de las Lágrimas".

Se libraron muchas batallas entre el gobierno de EE. UU. y las tribus. Algunas ocurrieron cuando los indígenas se negaban a irse de su territorio. Eso fue lo que sucedió con las tres guerras seminolas. Los seminolas se negaban a irse de la Florida y vivir en reservas. Cuando llegaron los soldados, la tribu se defendió. Pero los soldados la superaban en número. En 1858, ya se habían ido de la Florida casi todos los seminolas.

Se produjeron otras guerras cuando los colonos intentaron apoderarse de tierras indígenas. Nube Roja era un jefe de guerra lakota. Cuando se descubrió oro en Montana en 1863, el gobierno intentó abrir un camino a través del territorio de la tribu. Entonces, la tribu se defendió. Después de dos años, el gobierno se retiró. Aceptaron que los lakotas eran los dueños de la tierra. Pero la paz no duró mucho.

En 1874, se volvió a encontrar oro en tierra lakota. El gobierno quiso obligar a los lakotas a irse. Cuando la tribu se negó, el general Custer ideó un plan. El 25 de junio de 1876, atacó a la tribu en lo que se conoció como la batalla de Little Bighorn. Pero los soldados de Custer no estaban preparados, y la tribu los superaba en número. Mataron a Custer y a todos sus hombres. Después de ese episodio, llegaron una enorme cantidad de soldados estadounidenses, y la tribu debió mudarse a una reserva.

EN FAMILIA

★★★★★★

George Armstrong Custer y cuatro miembros de su familia murieron en la batalla de Little Bighorn. Hoy esa batalla se conoce también como "la última batalla de Custer".

Soldados estadounidenses capturan a jefes seminolas.

jefe Nube Roja

batalla de Little Bighorn

Muchas tribus estaban furiosas con el gobierno. Las habían obligado a abandonar sus tierras e irse al oeste. El gobierno solía desobedecer los tratados con las tribus y apoderarse de más tierras. Sin embargo, las tribus nómadas de las Llanuras podían escapar del gobierno con mayor facilidad. Iban de un lugar a otro persiguiendo a los búfalos. Las tribus dependían del búfalo para obtener su alimento. Entonces, el gobierno ideó un plan. Alentaron a los colonos a cazar búfalos por deporte. Si mataban suficientes, las tribus se verían obligadas a mudarse a las reservas.

Las tribus mataban solo los búfalos que necesitaban. Pero los colonos mataron a muchos más. A veces, les sacaban el cuero y lo vendían. Otras veces simplemente dejaban a los búfalos muertos en el camino. En 1800, vivían más de 80 millones de búfalos en Estados Unidos. En 1900, quedaban apenas 500. Debido a esta táctica, el búfalo estuvo a punto de extinguirse. Muchas tribus sufrieron. Se sumaron a otras tribus en las reservas. Los colonos se apresuraron a reclamar las nuevas tierras en nombre del destino.

Estadounidenses disparan a búfalos desde un tren.

campamento de indígenas en 1848

Una nación en crecimiento

El siglo XIX fue una época de crecimiento para Estados Unidos. Con el traslado de más personas al Oeste, los viajes cambiaron. Se despejaron los caminos y se descubrieron nuevas rutas. En 1869, se completó el primer ferrocarril que atravesaba el país de este a oeste. Entonces, los viajes fueron mucho más rápidos y seguros. Los caminos se usaban cada vez menos. Se multiplicaron los **asentamientos** a lo largo de las vías férreas. La gente se establecía en su nuevo hogar en el Oeste. Las posibilidades parecían infinitas.

El ferrocarril transcontinental pasa por un pequeño pueblo en el siglo XIX.

Pero la colonización del Oeste también causó muchos problemas. Estados Unidos volvió a entrar en conflicto con Gran Bretaña. Y, tras la guerra con México, los mexicanos estaban furiosos con Estados Unidos. Esos sentimientos tardaron muchos años en desaparecer. Los indígenas perdieron su hogar cuando los obligaron a trasladarse. Y la población de búfalos estaba prácticamente aniquilada.

El nuevo país exploró sus fronteras en el siglo XIX. Se añadieron 28 estados. De pronto, Estados Unidos era uno de los países más grandes del mundo. Y seguía creciendo.

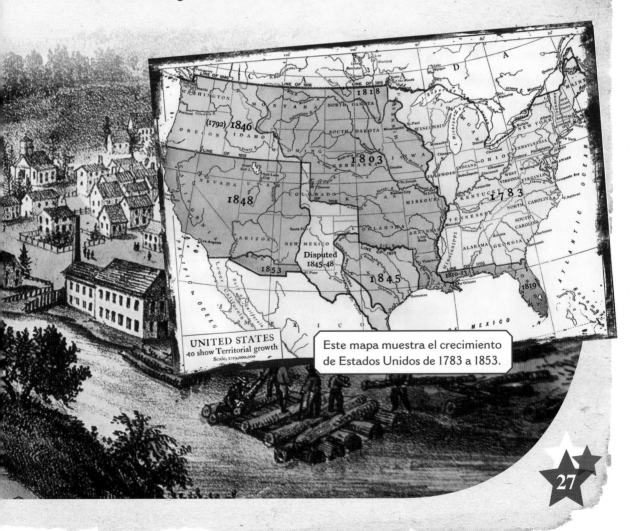

Este mapa muestra el crecimiento de Estados Unidos de 1783 a 1853.

¡Haz un anuncio!

Conseguir lo que se necesitaba para sobrevivir en la frontera no siempre era fácil. Había pocas tiendas en el Oeste. Los dueños de las tiendas debían transportar muchos productos para sus clientes. Las tiendas de la frontera solían vender de todo, desde comida hasta medicamentos y piezas de carretas.

Imagina que eres el dueño de una tienda en la frontera. ¿Qué venderás? ¿Qué necesitarán los pioneros, que no pueden conseguir por su cuenta? Crea un anuncio publicitario para tu tienda. Incluye artículos populares y dibujos de lo que vendes. Luego, piensa en un nombre divertido para tu tienda. Comparte el cartel con tus amigos y tu familia.

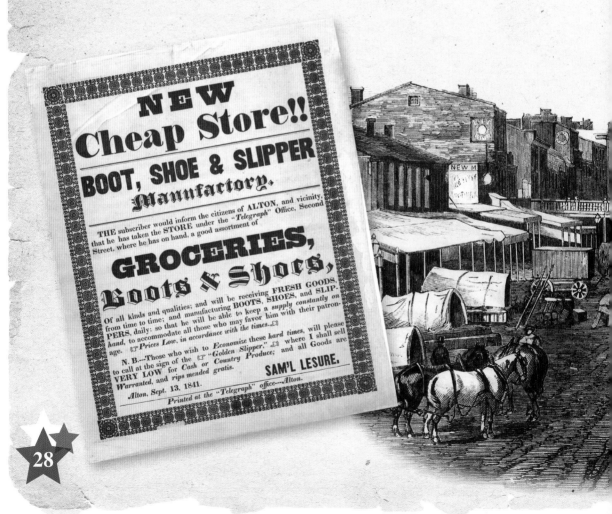

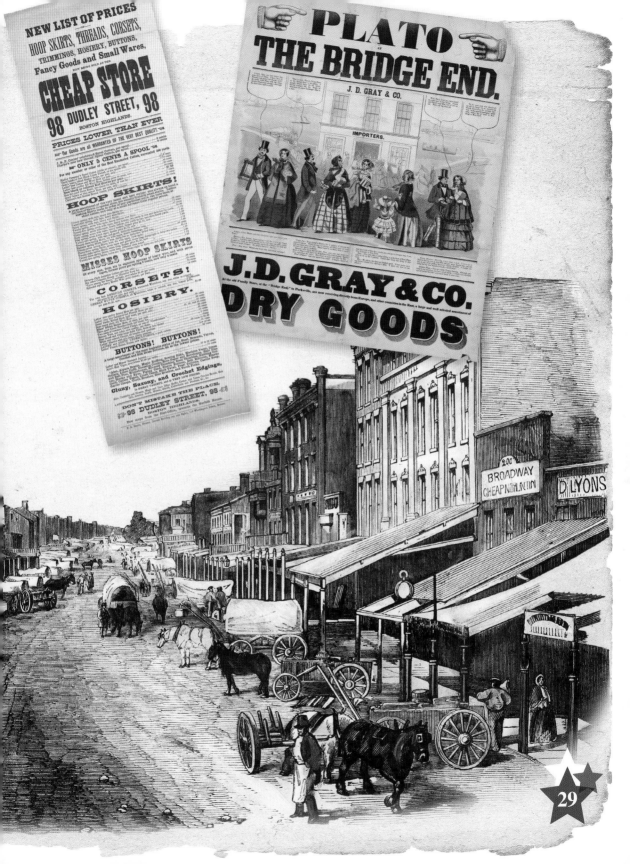

Glosario

anexado: dicho de un territorio o lugar que es incorporado a un país

asentamientos: lugares poco habitados donde se instalan nuevos pobladores

destino manifiesto: la idea de que Estados Unidos tenía derecho a extender sus fronteras hasta el océano Pacífico

emigrantes: personas que dejan un país o una región para vivir en otro lugar

factores de atracción: las ventajas de un lugar, que hacen que las personas quieran mudarse allí

factores de expulsión: las desventajas de un lugar, que hacen que las personas quieran irse de allí

fértiles: capaces de sustentar el crecimiento de muchas plantas

frontera: en el Oeste de Estados Unidos, un área donde viven pocas personas

Ley de Asentamientos Rurales: ley por la que el gobierno otorgaba tierras a cambio de que se las cultivara y habitara

mormones: miembros de una iglesia cristiana fundada por Joseph Smith

oprimidas: tratadas de manera cruel o injusta

pionero: una persona que explora y se instala en un lugar nuevo

poligamia: la acción de casarse con más de una persona a la vez

reservas: territorios en Estados Unidos que se apartan para que vivan los indígenas

ruta comercial: un camino usado por los comerciantes

tratado: un acuerdo formal entre dos o más países o grupos

tribus: grupos de personas que hablan el mismo idioma y comparten costumbres y creencias

Índice

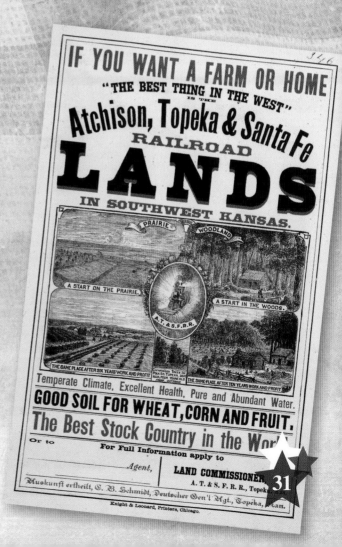

¡Tu turno!

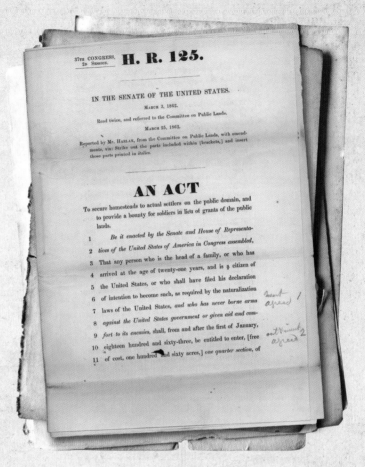

¿Quedarse o irse?

La Ley de Asentamientos Rurales fue un importante factor de atracción en el siglo XIX. Animó a muchas personas a establecerse en la frontera. Pero mudarse al Oeste no era fácil. Y, una vez que llegaban, los colonos tenían que comenzar una nueva vida. Escribe una lista de pros y contras que podrían haber considerado los colonos a la hora de decidir si se mudarían al Oeste.